squirre

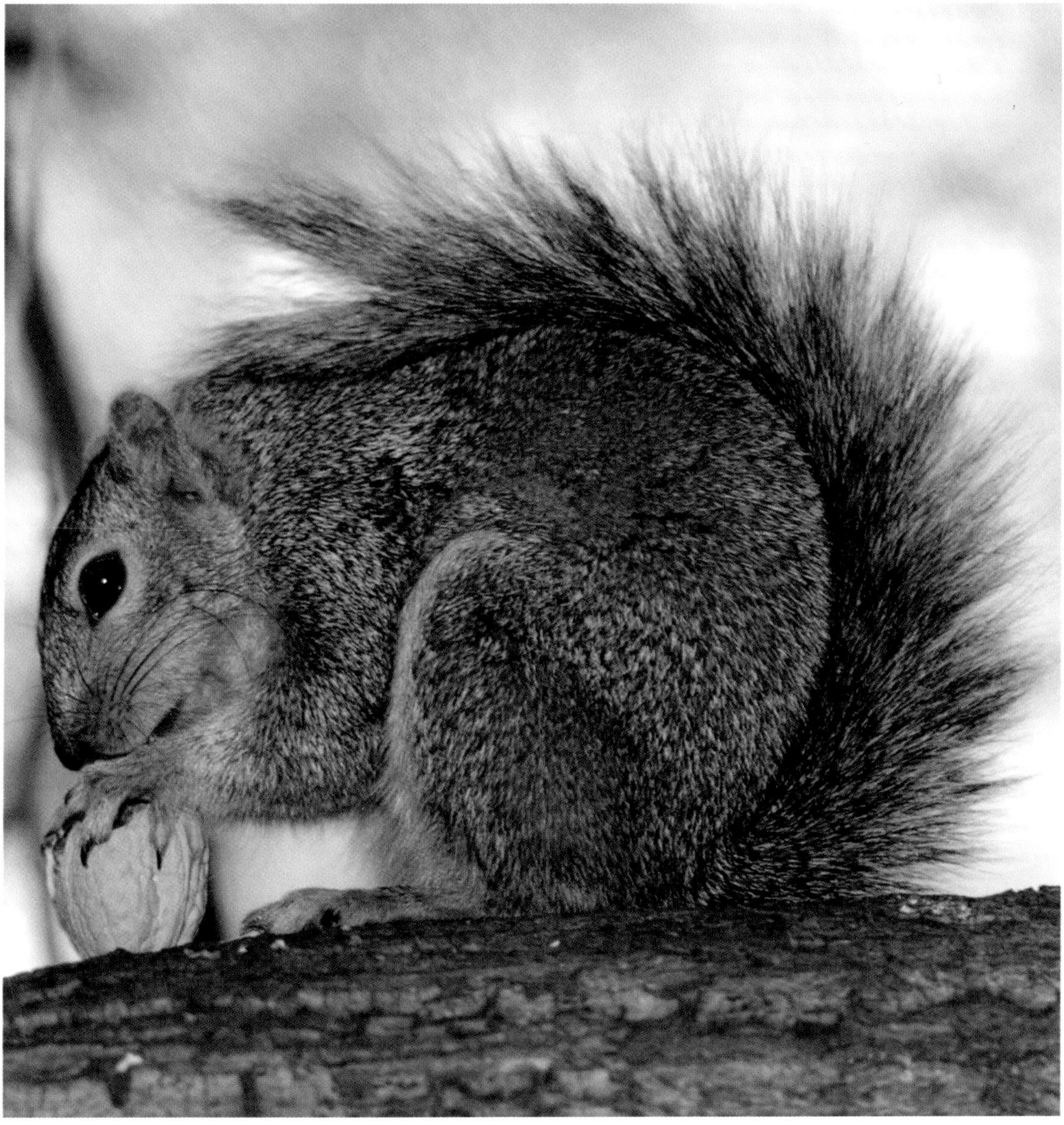

squash

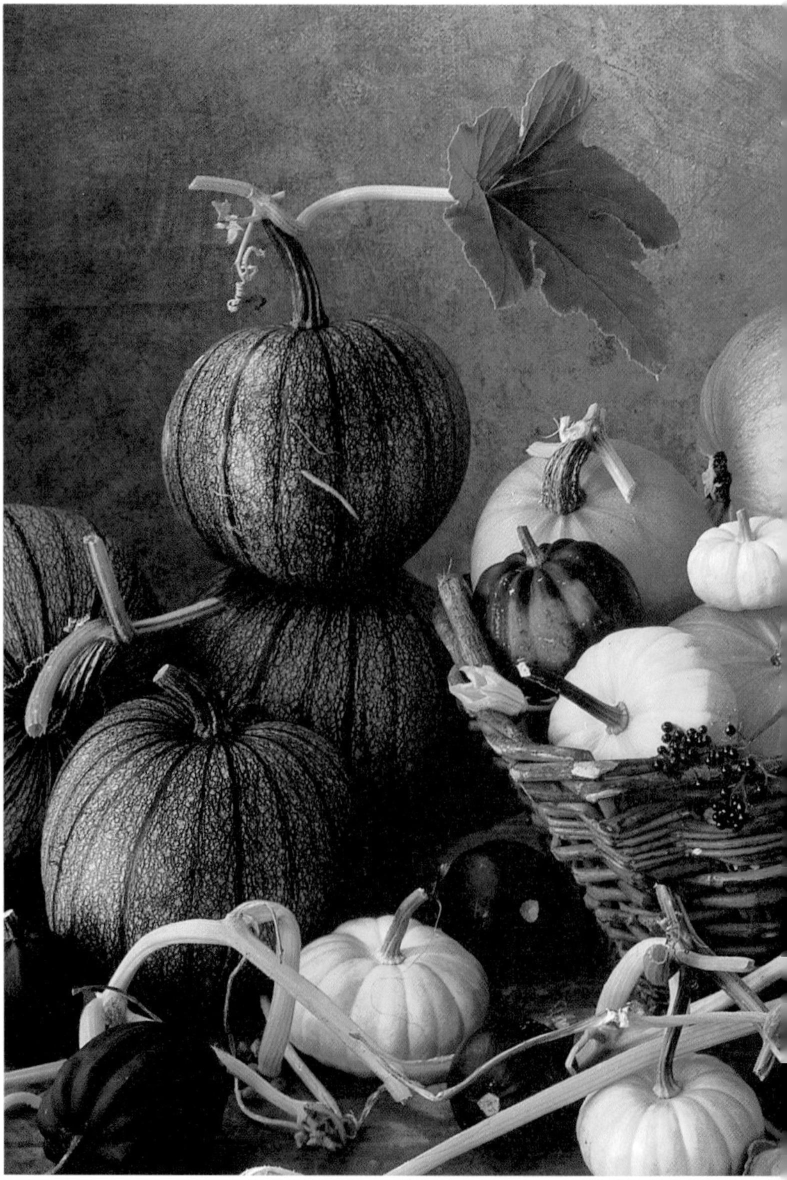

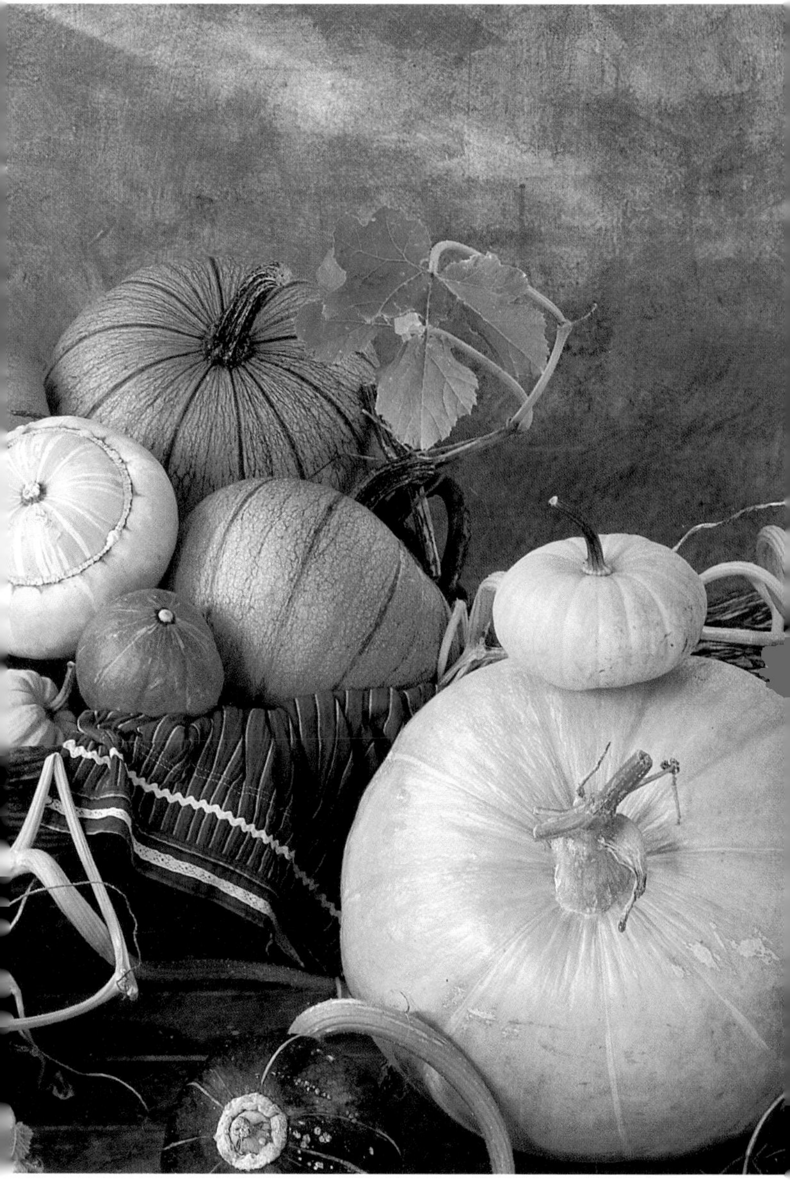

irt

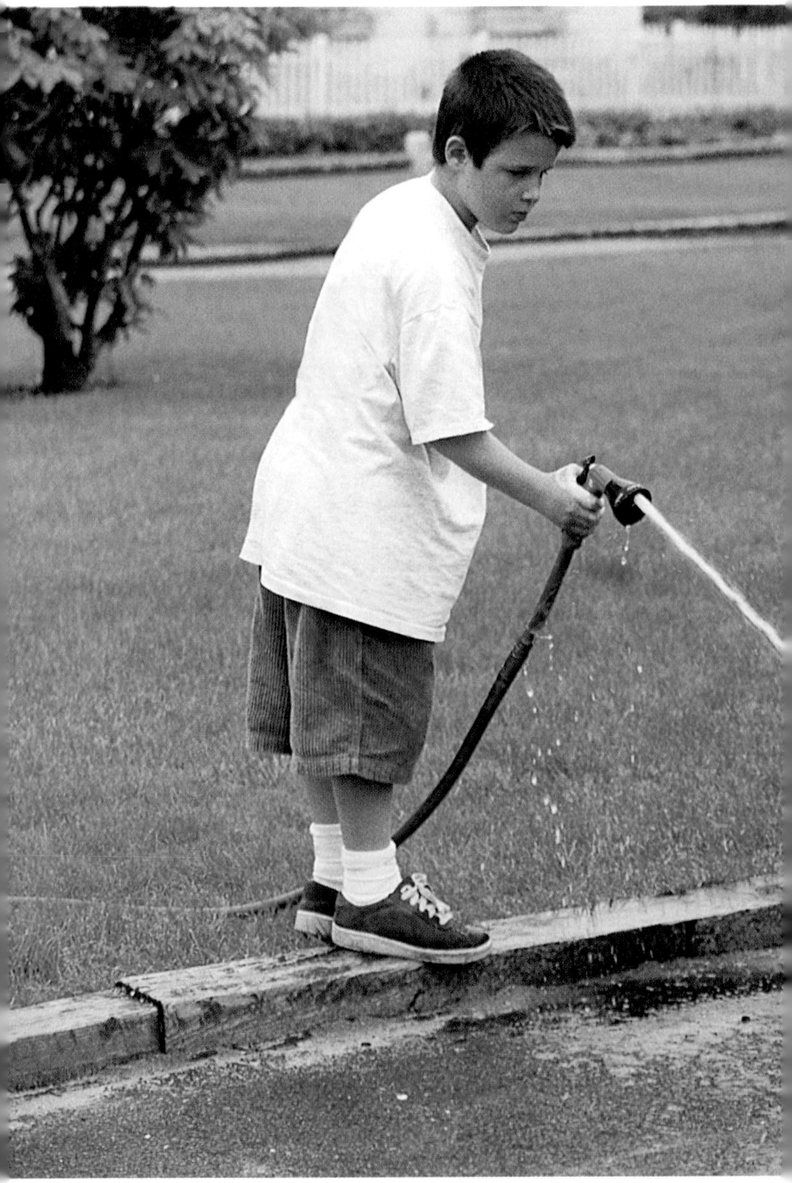

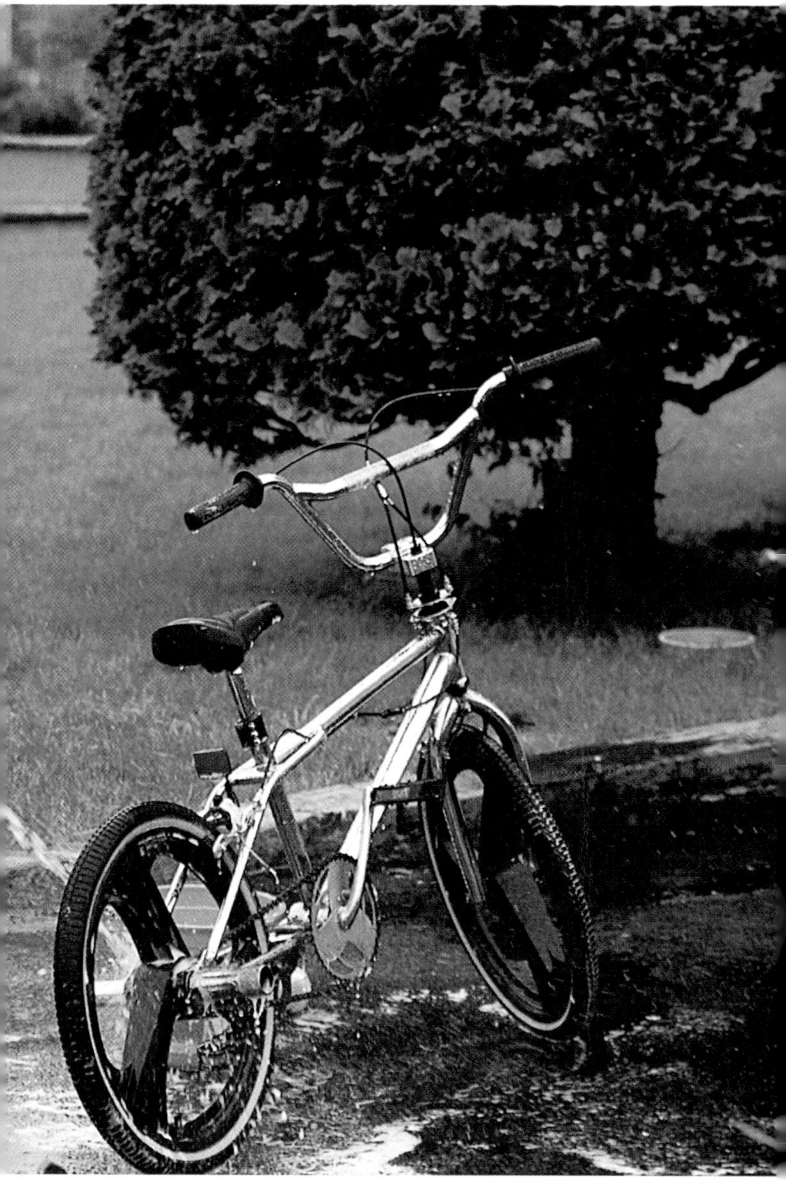

ares

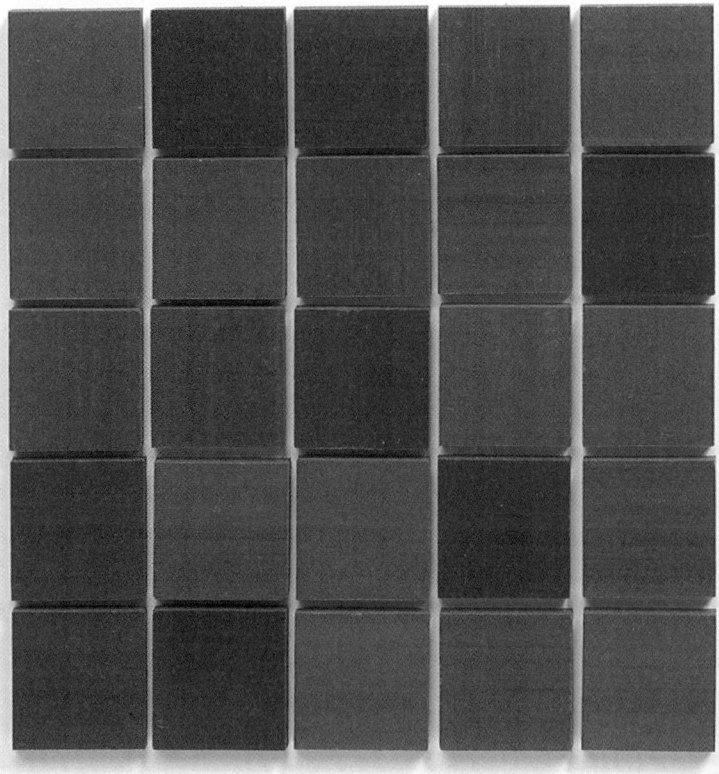

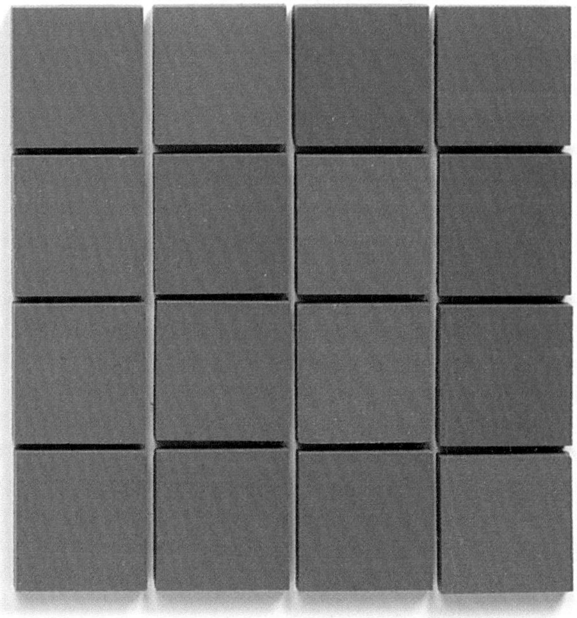

eeze

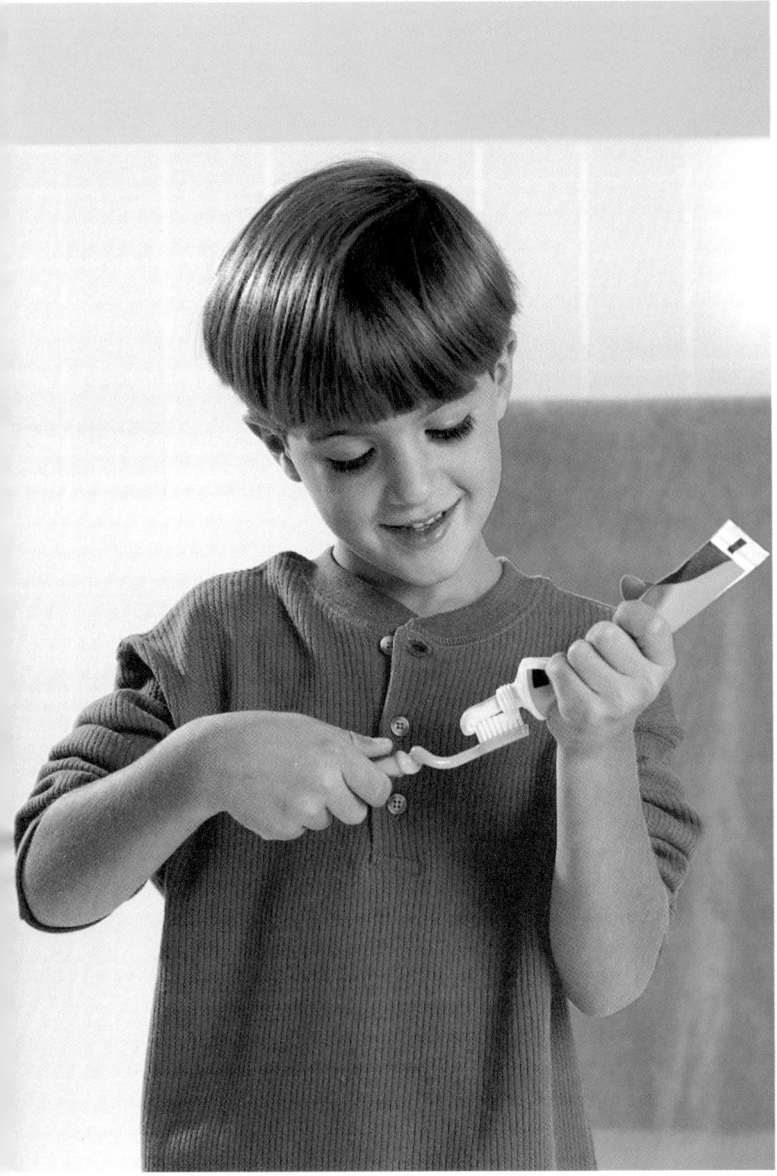